THE WHITE ISLANDS

THE
WHITE
ISLANDS

LAS ISLAS BLANCAS

Marjorie Agosín

Translated by *Jacqueline Nanfito*
with an afterword by *Michal Held-Delaroza*

Marjorie Agosín is a professor of Spanish and the Luella LaMer Slaner Professor in Latin American Studies at Wellesley College. She is an award-winning poet, novelist, scholar, and literary critic. Her most recent volume of poetry is *The Light of Desire | La Luz del Deseo* (Swan Isle Press, 2009).

Jacqueline Nanfito is associate professor of Spanish and Comparative Literature in the Department of Modern Languages and Literatures at Case Western Reserve University.

Michal Held-Delaroza is a professor of Judeo-Spanish (Ladino) Literature and Culture at Hebrew University in Jerusalem.

Swan Isle Press, Chicago 60640-8790
Edition © 2016 by Swan Isle Press
© Marjorie Agosín, 2016
Translation © Jacqueline Nanfito, 2016
Afterword © Michal Held-Delaroza, 2016

20 19 18 17 16   1 2 3 4 5
isbn-13: 978-0-9833220-9-2 (paperback)

Swan Isle Press gratefully acknowledges the generous grant support from Wellesley College toward the publication of this bilingual edition of poetry.

Library of Congress Cataloging-in-Publication Data
Names: Agosín, Marjorie, author.|Nanfito, Jacqueline C. (Jacqueline Clare), translator.|Agosín, Marjorie. Poems. Selections.|Agosín, Marjorie. Poems. Selections. English.
Title: The white islands = Las islas blancas / Marjorie Agosín ; translated by Jacqueline Nanfito and with an afterword by Michal Held-Delaroza. Other titles: Islas blancas Description: First edition.|Chicago : Swan Isle Press, 2016.|Text in Spanish and English.Identifiers: lccn 2015046726|isbn 9780983322092 (pbk. : alk. paper) Subjects: lcsh: Agosín, Marjorie-- Translations into English.|Islands of the Mediterranean--Poetry.
Classification: lcc pq8098.1.G6 A2 2016 | ddc 861/.64--dc23 lc record available at http://lccn.loc. gov/2015046726

This paper meets the requirements of ansi/niso z39.48-1992 (Permanence of Paper).

Swan Isle Press gratefully acknowledges that this book has been made possible, in part, with the support of generous grants and funding support from:

WELLESLEY COLLEGE

MICHELLE MERCER *and* BRUCE GOLDEN

FRANCIS J. HIGGINS

EUROPE BAY GIVING TRUST

Swan Isle Press also gratefully acknowledges support of the Stroum Center for Jewish Studies and the Sephardic Studies Digital Library at the University of Washington for the Shemarya Family postcard/photograph of the family house in Rhodes, the cover image for this book.

SWAN ISLE PRESS

TO THE *Sephardic communities scattered
through out the world that never lost their voice,
and to Zehava and Michal Held
who taught me how to sing in Ladino.*

A LAS *comunidades Sefarditas desparramadas
por el mundo que nunca perdieron su voz,
y para Zehava y Michal Held-Delaroza
quien me enseñaron a cantar en ladino.*

Table of Contents

Agradecimientos

A Wellesley College por el generoso apoyo hacia la
publicacion de esta colección. A la hermosa traducción de
Jaqueline Nanfito y a Michal Held-Delaroza cuyo diálogo ha
contribuido a la creación de estos poemas. Cómo siempre a la fe
de mi editor David Rade, una constante inspiración en mi trabajo.

Acknowledgments

To Wellesley College for their generous contribution towards the publication of this collection. To the beautiful translation of Jacqueline Nanfito, and to Michal Held-Delaroza whose dialogue has contributed to the creation of these poems. As always, for the faith that my editor, David Rade, has placed in me, a constant inspiration in my work.

THE WHITE ISLANDS

Las Islas Blancas

The White Islands

Su voz

Su voz,
Un rezo muy antiguo.
Un canto como una fragancia.

Así ella llegaba a casa,
Su voz cantaba sobre
Los pueblos blancos.

De los vendedores de almendras,
Del té de rosa.
De la fe de la miel.

Her voice

Her voice,
An ancient prayer,
A song like a fragrance.

That's how she would return home,
Her voice singing above
The white villages.

Of the sellers of almonds,
Of rose tea.
Of thee faith of honey.

Tan sólo quise escribir sobre ellos

Tan sólo quise escribir sobre ellos,
Contar sus osadías,
Sus viajes por las cuencas del Mediterráneo.

Con el libro de rezo cual lámina de oro.

Tan sólo quise hablar de ellos, como si me untara toda con el
   gesto del amor.

Hablar de ellos, los Sefarditas
Los viajeros con amapolas en el pelo
Viajeros con lenguas floridas, de una isla a otra,
De un confín al otro.

En medio de los murmullos
Tan sólo un canto,
La voz memoriosa.
La voz tenaz de una indiscutible fe.

I only wanted to write about them

I only wanted to write about them,
Narrate their fierce audacity,
Their voyages through the channels of the Mediterranean.

With their prayer book laminated in gold.

I only wanted to speak about them as if everything were
    touched by the gesture of love.

To speak about the Sephardim
Who traveled with poppies in their hair
Travelers with flowery languages, from one island to another,
From one corner of the world to another.

Amidst the whispers
Only a song,
The voice that remembers.
The tenacious voice of an undeniable faith.

Cuando iban a rezar

Cuando iban a rezar,
Tiraban al cielo higos y almendras.
Frutas para un paladar encendido.
El rezo era una cucharada de miel,
En la casa donde las palabras son dulces.

When they went to pray

When they went to pray
They tossed figs and almonds to the heavens,
Fruits for a burning palate.
Prayer was always a spoonful of honey,
In the house filled with sweet words.

La oía siempre llegar a casa

La oía siempre llegar a casa,
Como una cascada.

Ahí viene la Sefardita decían
Yo quería hacer danzar su canto.

Con voz de miel como sus ojos.

Fragancias de jazmín y granadas.
Tan sólo quería entenderla
Cantando.

They would always hear her arriving home

They would always hear her arriving home
Like a waterfall.

Here she comes, the Sephardic one, they would say
I wanted to make her song dance.

With a voice like honey, like her eyes.

Fragrances of jasmine and pomegranates.
I only wanted to understand her
Singing.

Cuando me enseñó

Cuando me enseñó
En los atardeceres a mirar al cielo,
Nombrar las estrellas me dijo:

Tus hijas se llamarán Luna y Estrella
Serán tan claras como el firmamento.
Bailarán sobre las hogueras tibias.
Bailarán sonámbulas y claras.
Amarán a su pueblo viajero.
Serán abundantes en la fe.
Llevarán en sus lenguas
Un idioma.

When she taught me

When she taught me
To look at the sky in the evenings
To name the stars, she said:

Your daughters will be called Luna and Estrella
They will be as bright as the firmament.
They will dance around the warm bonfire.
They will dance and sleepwalk with clarity.
They will love their traveling people.
Abundant in their faith.
Carrying in their tongues
A language.

Ella Josefina

Ella Josefina
Viajera audaz
Abuela bellamente conflictiva
Practicaba el arte de vivir

Sugería mantener el encantamiento ante las cosas
Bendecir el origen del amanecer

Contemplar la llegada de la luz sin urgencia
Como tambien esperar su regreso a los atardeceres

Amaba los días sin rumbo, días de ocio claro,

No se alteraba ante las necias palabras de los otros
O de los adictos a hablar de otros.
Solía mirarlos con un cierto desprecio
Prefería las palabras de amor
O dibujar en el salón hermosos bosques frondosos

Josefina agradecía la voz de los que amaba
Los sueños de musgo y verano.
La llegada de la poesía a sus manos como una inesperada
    tormenta.

She, Josefina

She, Josefina
Audacious traveler
Handsomely conflictive grandmother
Who practiced the art of living

Who suggested that one maintain the enchantment of things
And bless the origin of dawn

Contemplate the arrival of the light without urgency
And also await its return at sunset

She loved aimless days, days of pure leisure,

She wasn't upset by the silly words of others
Or by those intent upon gossip
She used to look at them with a certain disdain
She preferred the words of love
Or drawing dazzling leafy forests in the living room

Josefina was grateful for the voices of loved ones
Dreams of moss and summer.
The arrival of poetry to her hands like an unexpected storm.

Tan sólo supo ella guardar la
belleza, la belleza abundante

Tan sólo supo ella guardar la belleza, la belleza no cortada.
Jugar con las serpentinas de luz,
Tan supo ella amar a Rodas como se ama a un canto.

She only knew how to hold onto
beauty, boundless beauty

She only knew how to hold onto beauty, boundless beauty
To play with the streamers of light,
She only knew how to love Rhodes as one loves a song.

De ella Luna Alaluf todos me cuentan

De ella Luna Alaluf todos me cuentan,
Que solía hablar como en secreto,
Hablar de la ciudad de las rosas
Rodas en su paladar.

Everyone tells me about her, Luna Alaluf

Everyone tells me about her, Luna Alaluf,
That she used to speak as if telling secrets,
Speaking of the city of roses
Rhodes on her tongue.

Me habló ella, Estrella Benveniste,
del patio de su casa

Me habló ella, Estrella Benveniste, del patio de su casa,
Del azahar que florecía sin interrupciones,
La luz que caía suave sobre los umbrales.
La llave de mi casa está ahí me dijo,
Enterrada entre el almendral y el olivo.
La enterré aquella noche oscura cuando los caballos de los
   cerros lejanos bramaban.

Tú búscala en un día de luz,
Cuando ni la sombra de los muertos llegue a la clarividencia de
   tus manos.

She spoke to me, Estrella Benveniste,
about the patio in her house

She spoke to me, Estrella Benveniste, about the patio in her
    house,
The orange blossoms that flowered successively,
The light that falls softly upon the thresholds.
The key to my house is there she told me,
Buried between the almond tree and the olive tree.
I buried it one dark night when the horses of the distant hills
    neighed,

Search for it in a day full of light,
When not even the shadow of the dead can arrive to the
    clairvoyance of your hands.

Luna y Estrella siguen

Luna y Estrella siguen
El hábito de las buenas costumbres
Amanecen cantando.

Encienden la lumbre.

Preparan
Café de profecías y secretos.

Barren las veredas de su casa y la
De las vecinas
Con agua de rosas.

Luna and Estrella continue

Luna and Estrella continue
The habit of good manners
They awake singing.

They light the fire.

She prepares
Coffee of prophecies and secrets.

They sweep the walkways of the house and
Of the neighbor ladies
With rose water.

Tan certera estaba ella que soñaba con Pesaj

Tan certera estaba ella que soñaba con Pesaj.
En su casa blanca en las islas blancas
Parecia que todo se detenía hasta los escasos relojes
Que llegarían los días como llegaban los jazmínes
Colmados de dulzuras y fragancias.

Un día la arrastraron de su casa recien pintada.
Perdió la costumbre de imaginar pasados y futuros.
Cortaron las raíces de las buganvillas.

La despojaron de su memoria, anclada a la memoria de los
　　otros,
Ya nada fue como se lo imaginaba
　O no pudo imaginar el otro destierro
O una muerte en un país nevado que no era país
Tan sólo un campo de puas.

So certain was she that she dreamt about Passover

So certain was she that she dreamt about Passover.
In her white house on the white islands
It seemed like everything was suspended, even the few clocks
And that the days would arrive just like the jasmine
Filled with a sweetness and fragrance.

One day they dragged her from her recently painted house.
She lost the habit of imagining pasts and futures.
They cut the roots of the bougainvilleas.

They stripped her memory, tied to the memories of others,
No longer was anything like she had imagined
Or she couldn't imagine the other banishment
To a death in the landscape of an unknown snow
Only a field of barbed wires.

Aún recuerdan la casa de Paloma Alaluf

Aún recuerdan la casa de Paloma Alaluf.

Sus amuletos rojizos
Su fe en la permanencia
La frescura de la cal
En los días de Pesaj.

Aún recuerdan llorar a los ángeles
Vestidos de nubes oscuras vestidos
De ausencia y de oro viejo.

They still remember Paloma Alaluf's house

They still remember Paloma Alaluf's house.

Her rosy amulets
Her faith in uncertainty
The coolness of the whitewash
During the days of Passover.

They still remember hearing the crying of the angels
Draped in dresses like dark clouds
Of absence and ancient gold.

Pedí que la ciudad se cubriera de un agua dulce

Pedí que la ciudad se cubriera de un agua dulce
De la manna que siempre llega desde el cielo rosa.

Recé y pedí sentir las lágrimas del cielo
Pedí que el mundo tambien llorase por Rodas, la pequeña
    Jerusalem.

A lo lejos, sentí los rezos confundiéndose con los lamentos.
También vi a hombres trenzados como una Jala pidiendo por la
    llegada
De las lluvias
Niñas pequeñas semejantes a los ángeles que deambulan por la
    ciudad claras
Miraban insistentes hacia el cielo.

En la pequeña Jerusalem
También sentí el canto de las mujeres
Como un solo cántaro de agua.

En la Jerusalem del oeste también el cántaro de agua
Toda Jerusalem tan acostumbrada al llanto
Esta vez sólo pedía las rosadas lágrimas del cielo.

De pronto el atardecer se hizo una clara noche.
El agua empapó a las piedras que también parecían llorar
El agua del cielo aclaró a los rostros dolidos
Las manos de las mujeres se abrieron como una crisalis.

I asked that the city be covered with a sweet water

I asked that the city be covered with a sweet water
From the manna that always arrives from the rose colored sky.

I prayed and asked to feel the tears from heaven
I asked that all the world cry for Rodas, the little Jerusalem.

In the distance, I felt the prayers being confused with the
    laments.
I also saw men intertwined like a Challah asking for the
    arrival
Of the rains
young girls like angels wandering in clear cities
Looked resolutely towards the sky.

In the little Jerusalem
I also felt the song of the women
Like a single vase of water.

In the Jerusalem of the west a vase of water as well
All of Jerusalem accustomed to the crying
This time it only asked for the rosy tears of the heavens.

Suddenly dusk became a clear night
Water soaked the stones that also seemed to cry
Water from the heavens cleared the aching faces   33
The hands of the women opened up like a chrysalis.

Caía el agua del cielo sobre las piedras de Jerusalem
Como tantas veces caen las lágrimas sobre el muro de las
    lamentaciones

Pero esta noche llovió como ninguna otra noche
La noche era un canto violeta, un alluvia anochecida.

Alguien dijo que se habían colmado de agua santa los ríos
Alguien abrió sus manos para recibir el agua de D.

Llueve esta noche sobre Rodas, la pequeña Jerusalem,
También los rabinos regresan a sus libros
Yo tan sólo no dejó de mirar al cielo desnudo
Al cielo que parece ser tambien la casa de D.

The water from the heavens fell upon the stones of Jerusalem
Like so many times the tears fell upon the wailing wall

But this night it rained like no other
The night was a violet song, a nocturnal rain.

Someone said that the rivers had overflowed with holy water
Someone opened his hands to receive the water from God.

It is raining tonight over Rhodes, the little Jerusalem
The rabbis are also returning to their books
I continue to look at the naked sky
At the sky that seems to also be the house of God.

También el mar se oscurecía y retorcía

También el mar se oscurecía y retorcía.
También el cielo llovió copiosamente como si nevara.
Como si todo fuese un manto de grietas más allá del silencio.

Iban los judíos de Creta en la embarcación de la certera muerte
Iban asomados despidiéndose del Egeo
Que también tejía palabras tormentosas.

The sea also became dark and writhed

The sea also became dark and writhed.
The sky also rained copiously as if it were snowing.
As if everything were a mantle of fissures beyond the silence.

They went, the Jews of Crete, in the vessel of certain death
They went, heads held high, bidding farewell to the Aegean
    Sea
Which also weaved a torrent of words.

Lloraba el cielo y todo el mar

Lloraba el cielo y todo el mar.
Ya no volverían los días de luz violeta
Ni al goce de los amaneceres.

La muerte reinó sobre la inocencia
Habían sonidos sin ecos.

La isla de Creta perdió su fragancia ese amanecer
Cuando los judíos se marcharon hacia la muerte.

The sky and all the sea cried

The sky and all the sea cried.
They would no longer return to the days of light violet
Nor to the pleasure of the dawns.

Death reigned over innocence
There were sounds without echoes.

The island of Crete lost its fragrance that dawn
When the Jews marched toward the dead.

Ha llovido esta noche en Rodas

Ha llovido esta noche en Rodas.
Mis ojos también llueven.
A lo lejos las sombras de los pájaros.
A lo lejos, la noche tan honda, la noche tan plena.
El agua tan sagrada sobre los rostros.

It has rained this evening in Rhodes

It has rained this evening in Rhodes.
Tears fall from my eyes like rain.
In the distance, the shadows of the birds.
In the distance the night is so deep, so full.
The sacred water over the faces.

Tan sólo pedía ella la noche de los silencios

Tan sólo pedía ella la noche de los silencios,
Tan sólo un abismo de silencios, tan sólo hilar los silencios.
Nadie los había visto embarcarse en la noche de los fuegos fatuos.

Ella pedía el tiempo del silencio.
Para entender la claridad de la memoria.

She only asked for the night of silences

She only asked for the night of silences,
Only an abysm of silences, only weaving silences.
Nobody had seen them embark in the night of the illusory fires

..

She asked for the time of silence.
To understand the clarity of memory.

Quería yo saber más de las noches de Bosnia

Quería yo saber más de las noches de Bosnia,
De la ciudad de Sarajevo
De los que todos olvidaron
De los que todos insistieron en recordar

Saber de aquella noche, la primera noche de la Guerra
Tus 17 años
Tu abuela espantando a los pájaros de malos augurios

Aquella noche cuando el invierno se plasmaba de soles.
Que nadie logró calmar ni tu fe ni tu radiancia
Que el sol se desparramaba en tu rostro cada amanecer

Que te volviste cada vez más transparente y determinada
Pequeña mujer de Bosnia
Decidida por la pasión del alfabeto

Buscadora de senderos luminosos

Y aún sigues viajando
Con las manos abiertas.

I wanted to know more about the nights in Bosnia

I wanted to know more about the nights in Bosnia
About the city of Sarajevo
About those forgotten by everyone
About those who insisted upon remembering

To know about that night, the first night of the War
Your 17 years
Your grandmother scaring away the birds of bad omen

That night when winter expressed itself in suns
That nobody succeeded in destroying your faith or your
    radiance
That the sun spreads itself over your face every dawn

That you became, with time, more transparent and determined
Small woman of Bosnia
Driven by your passion for the alphabet

Seeker of luminous paths

And you continue traveling
With open hands.

El invierno y el sol

El invierno y el sol
Definiendo tu rostro
Llevas el ángel de la memoria
En tu victoriosa mirada.

Winter and the sun

Winter and the sun
Defining your face
You carry the angel of memory
In your victorious gaze.

¿Hablabas con alguno de tus ángeles?

¿Hablabas con alguno de tus ángeles
Que custodiaban tu memoria?
¿Le preguntabas cosas a tu abuela Luna?

Y en tu recuerdo obstinado
La memoria fue siempre una llamada sagrada.

Did you speak with one of your angels?

Did you speak with one of your angels
That watched over your memory?
Did you ask questions of your grandmother Luna?

And in your stubborn remembrance
Memory was always a sacred flame.

Aquel amanecer

Aquel amanecer
En la isla
Cuando primero se marcharon
Los hombres
Despues las mujeres despues los niños
Le pedí consuelo a una caracola
Ella sí había regresado a la zona clara de mis pies

Le pregunté si me podía meter muy adentro de ella

Y me recibió esta caracola
Era la casa de mi memoria
Y en esa soledad gris de la isla sin ellos.

That dawn

That dawn
On the island
When they first marched
The men
Then the women followed by the children
I asked for solace from a seashell
She had indeed returned from the clear zone of my feet

I asked her if I could immerse myself deeper inside her

And this seashell received me
It was the house of my memory
And in that gray solitude of the island without them.

Su cabello blanco como la luna de Estambul

Su cabello blanco como la luna de Estambul, como la harina de
   algún cuento almendrado

Su mirada también blanca como las casas vacías en las islas blancas
Y el dolor como un manto que la cobija.

Veo la viudez en su rostro
La cama vacia
El vacilar de la memoria

Todo en ella es una huída
Su boca como un papel quebradizo
Y nombra a las cosas amadas.

Que mancha sus labios.

La viudez en sus pupilas
Los pájaros lejanos
Huidizos
La vida también huyéndole.

Her white hair like the moon in Istanbul

Her white hair like the moon in Istanbul, like flour from a
    short story, almond-shaped

Her gaze also white, like the empty houses on the white islands
And the pain like a blanket that envelops her.

I see the widowhood in her face
The empty bed
The vacillation of memory

Everything in her is a flight
Her mouth like a tenuous paper
And she names the beloved things.

That stain her lips.

The widowhood in her eyes
The distant birds
Elusive
Life fleeing from her as well.

Quiero habitar en tu luz

Quiero habitar en tu luz
Que esta memoria sea sagrada
Te cuento
Los llamaron a mediodía.

Algunos al amanecer
A la plaza les dijeron allí
Les exigieron ir a la plaza
Donde antes dialogaban con las flores
La bondad del Egeo
A la plaza
La plaza en la isla de Rodas
Cuando caminaron desde niños hacia ella.

La plaza de las rosas
La plaza de las buganvillas
La plaza de las madres con sus hijos.

La plaza tan amada de la isla de Rodas
La plaza donde el sol y la bondad entraban por raudales
La plaza donde también la fruta era generosa.

La plaza de la ciudad de las rosas.

Tan cercana a los dominios de la vida.

Let me live in your light

Let me live in your light
That this memory be sacred
I tell you
They called them at midday.

Some at dawn
To the plaza they told them
They forced them to go to the plaza
Where before they would converse with the flowers
The goodness of the Aegean Sea
To the plaza
The plaza on the island of Rhodes
Where they walked since childhood towards the plaza.

The plaza of roses
The plaza of bougainville
The plaza of mothers with their children.

The beloved plaza on the island of Rhodes
The plaza where the sun and goodness came streaming in
The plaza where fruit was abundant.

The plaza of the city of roses.

So close to the realms of life.

Ahora la plaza de la muerte.

Ellos buenos y dóciles
Siempre cercanos a la caricia del sol
Allí fueron
Y en esa plaza se los llevaron.

Se llevaron a todos los judíos de Rodas
En un día de sol como son todos los bondadosos días del Egeo.

Se los llevaron
Sin luz
En un mar también dolido
Hacia la muerte se los llevaron.

Y tan sola quedó la plaza de Rodas en la ciudad de las rosas
Y tan sólo quedó el sol aquella tarde
Que se escondió de dolor más temprano que nunca.

Now the plaza of death.

They were gracious and compliant
Always close to the caress of the sun
There they went
And to that plaza they took them.

They took all the Jews of Rhodes
On a sunny day like all of the gentle days of the Aegean Sea.

They took them
Without light
In a sea that shared in the pain
Towards death they took them.

And the plaza of Rhodes remained deserted in the city of roses
And only the sun was left behind that afternoon
Which sank into hiding out of sorrow earlier than was
    customary.

Abundante era ese otoño

Abundante era ese otoño
En Estambul la vieja y plateada
Las mujeres con los rostros cubiertos y descubiertos

Mi abuelo llegó a pie a esta ciudad otomana

Desde la desolada Sebastopol,
Desde la nieve sangrienta.

Me habló sobre sus minaretes
Seguro que amó el campo de hojas. El otoño como un rio o una
    fogata encendida
Y no sé a donde iba a rezar
O tal vez dejó de hacerlo en la ciudad de los sultanes

Pero sé que en su boca llevaba una aguja
Metáfora de su noble oficio

Tal vez deambulaba asombrado por la bella Estambul
Buscando alimentos o clientes
Tal vez inclinado entraba a una de las mil mezquitas
Rezaba
Mientras se detenían los relojes

That autumn was abundant

That autumn was abundant
In Istanbul the ancient and platinum
Women with their faces covered and discovered

My grandfather arrived on foot to this Ottoman city

From the desolate Sebastopol and from other burned villages,
From the bloody snow.

He spoke about its minarets
Certainly he loved the fields of leaves. Autumn, like a river or
    a glowing bonfire
And I don't know where he went to pray,
Or perhaps he no longer did so in the city of the sultans

But I know in his mouth he carried a needle
Noble metaphor of his trade.

Perhaps he wandered astonished throughout lovely Istanbul
Searching for sustenance or clients
Perhaps inclined, he entered one of the thousand mosques
Where he prayed
While the clocks stood still,

Se borraban las geografías
Porque la ciudad eran tan sólo un viento dorado cayendo sobre
las hojas

Una multitud de luces sobre los sagrados minaretes,
Mi abuelo

Un sastre judío también se refugiaba en Estambul
También una pequeña ciudad judía
Entre los umbrales de la historia.

Geographies were erased.
Because the city was merely a golden breeze falling upon the
     leaves

A multitude of lights upon the holy minarets,
My grandfather,

A Jewish tailor also took refuge in Istanbul
Also another small Jewish city
Among the thresholds of history.

Sirves higo fresco y almendras

Sirves higo fresco y almendras
Llegan los invitados que también salen
Cautelosos de sus casas de piedras.

Dicen que se han llevado a los judíos de la isla
Los que allí vivieron desde tantos siglos
Lo mencionaba tu maestro de historia
Que también está allí en la plaza.

Comen almendras, higos frescos
Sin pausa.

Se han llevado a tu maestra de griego
A la que te enseñaba a creer en las diosas
La que trenzaba tu cabello de oro.

Cae la noche como una navaja
Cae la noche como un precipicio
Regresan los invitados a sus casas.

El cabello de tu maestra de historia rueda por tu puerta
Es un manojo de cenizas.

You serve fresh figs and almonds

You serve fresh figs and almonds
The invited guests arrive and also leave
Cautiously from their houses of stone.

They say they have taken the Jews from the island
Those who lived there for so many centuries
Your history teacher mentioned it
Who is also there in the plaza.

They eat almonds and fresh figs
Without pausing.

They have taken away your Greek teacher
The one who taught you to believe in the female gods
The one who braided your golden tresses.

Night falls like a switchblade
Night falls like a precipice
The guests return To their houses.

The hair of your history teacher rolls about your door
A bundle of ashes.

Regresas a tu cuarto
Donde ni el silencio te perturba
Ni el dolor
Ni la llegada de la muerte a tu puerta.

You return to your room
Where not even silence disturbs you.
Nor the pain
Nor the arrival of death at your door.

Llegaban mis muertos al comedor de la casa

Llegaban mis muertos al comedor de la casa
No buscaban nada porque ya en vida todo lo habían
    encontrado.
Tan sólo añoraban regresar cuando la tierra cuidaba de sus
    frutos
Almacenaba sus tesoros
Custodiaba los umbrales del sueño.

Mis muertos llegaban en procesión
Yo los llamaba por sus nombres y ya no quedaba ni una sola
    pieza oscura
Tal vez sentía el parpadear del alma
Y parecía que en sus imágenes guardaban infinitos relatos

Habitábamos en sus silencios
Ellos y yo
Y después mis huéspedes
Regresaban por el bosque

Las copas de los árboles urdían un camino
Regresaban al dominio de las sombras
Los veía lentos cruzar el bosque
Y después quedaba el espacio del silencio

My dead loved ones arrived to the
dining room of my home

My dead loved ones arrived to the dining room of my home
They weren't searching for anything because they had found
    everything in life
They merely longed to return when the earth cared for its
    fruits
When it stored away its treasures
When it watched over the thresholds of dreams

My dead loved ones arrived in procession,
I called out to them by name
And no longer was there a single dark room
Perhaps I felt the fluttering of their souls
And it seemed that in their images they kept infinite stories

We resided in their silences
They and I
And then my guests
Returned by way of the forest

The treetops knitted a path
They returned to the domain of the shadows
I saw them slowly cross through the forest
And afterwards the space of silence remained

La noche desamparaba los espectros de una luz tenue
Ya se habían ido

Ya habían regresado
Dormían junto a los juncos lejanos conversaban con el silencio
Yo guardaba sus sillas
Sus fotografías sobre la mesa
Me despedía como uno descalza y tan desnuda.

Night abandoned the spectre of tenuous light
They had left

They had already returned
They slept next to the distant rush conversing with silence
I kept their seats
Their photographs on top of the table
I bid farewell like someone barefoot and naked.

Repite los nombres de los judíos en la Plaza de Rodas

Repite los nombres de los judíos en la Plaza de Rodas
Como en aquel día de otoño
Cuando las hojas violetas y anaranjadas
Parecían lágrimas
Cuando también el cielo lloraba
Cuando el mar se tapizó de silencios
Cuando la muerte se sentó en la plaza
Se los llevó
Uno a uno
Mujeres y niños
Ancianos y jovenes
Hombres y abuelos.

Y ya entonces no había ni amor ni refugio
Y el mar también se hundió en asperezas.

She repeats the names of the Jews in the plaza of Rhodes

She repeats the names of the Jews in the plaza of Rhodes
Like that day in autumn
When the violet and orange leaves
Seemed like tears
When the sky also cried
When the sea was carpeted with silence
When death drowned the plaza
They were taken away
One by one
Women and children
The elderly and the young
Men and grandfathers.

And no longer was there love or a refuge
And the sea also drowned in such harshness.

Viajarás liviana de equipaje

Viajarás liviana de equipaje
No podrás ni llevarte el mar ni el sonido del oleaje
Como un arpa enamorada

Te irás tan lejos y sin embargo,
Llevarás el canasto florido de memorias
Llevarás una lengua florida
Y el canto que tu madre repetía en las amanecidas
Llevarás también la gratitud

Por haber vivido en una isla tan bella
Por haber tenido en tu mirada,
Un puerto abierto.

You will travel lightly

You will travel lightly
You can't take the sea or the sound of the waves
Like an enamored harp

You will go far way and yet
You will carry a blooming basket with memories
You will carry a blossoming language
And the song that your mother repeated at dawn
You will also carry gratitude

For having lived on such a beautiful island.
For having held in your gaze,
An open port.

Las Llaves de Oro

Oro's Keys

Oro acércate, ven sin premura

Oro acércate, ven sin premura,

Camina hacia mi,
En este otoño que corona tu cabello.

Oro,

Te entrego esta llave.

Guárdatela en el bolsillo de tu pecho.

Como lo hacían antes los judíos de Córdoba
Tal vez alguien llamada Oro en Córdoba o en
Granada
En una bahía de Tunisia.

En las onduladas montañas de Fez,
Llevaban las llaves de sus casas.

Y la lengua florida para cantar en los días donde la niebla

Condenaba las palabras.
Oro tú que eres de Jerusalem pero esa Jerusalem de llantos
    color piedra.
Tú que naciste hablando árabe, después francés
antes del nacer, ladino el ladino que canta.

Oro, draw near, come without haste

Oro, draw near, come without haste

Walk towards me
In this autumn that crowns your tresses

Oro

I deliver this key to you.

Keep it in the pocket of your heart.

Like the Jews of Cordoba once used to do
Perhaps someone called Oro in Cordoba
Or in Granada
In a bay of Tunisia.

In the undulating mountains of Fez,
They once carried the keys to their houses.

And the flowering language to sing on the days when the fog

Condemned words
Oro, you who are from Jerusalem but that Jerusalem of cries
the color of stone.
You who were born speaking Arabic and then French before
being born Ladino,
Ladino that sings.

Soñaste en hebreo y repetías la palabra yuval arroyo...

Llevaba las llaves de tus barrios en tu piel.

Esta llave de un país tan lejano, tan imposible de imaginarlo
   con sus llaves danzarinas.

Úntala
De tus sabias palabras.

And you dreamed in Hebrew and repeated the word yuval
   stream

You carried the keys of your neighborhoods in your skin

This key to a very distant country, so impossible to imagine it
   with its dancing keys.

Anoint it
With the wisdom of your words.

Tan sólo te dije

Tan sólo te dije
No temas
Iremos en la noche a las islas blancas
El sol siempre mora en ellas
Son tibias como tus manos que parpadean
Cuando de ellas te cuento
Te surco todo como en un sueño.

Ven... sin premura
Cierra los ojos
Desliza los recuerdos
Como quien juega a despeinar al viento.

Ven tan sólo te dije.

A la noche de las islas blancas
Allí donde las sombras se desvanecen
Allí donde la noche se abre como una amapola
Allí donde los dioses te aguardan
Sobre una pradera de agua.

Ven a la noche de las islas blancas
Noches sin sombra
Noches como un refugio
Sobre las praderas del agua.

I merely said to you

I merely said to you
Don't be afraid
We will go during the night to the white islands
The sun always resides in them
They are warm like your hands that flicker
When I tell you about them
I furrow you as if in a dream.

Come…don't tarry
Close your eyes
Let go of the memories
Like the one who plays at unweaving the wind.

Come I merely said to you.

To the night of the white islands
There where the shadows disappear
There where the night opens up like a poppy
There where the gods awaited you
Upon a meadow of a dream.

Come to the night of the white islands
Nights without shadows
Nights like a refuge
Above the meadows of water.

El oleaje furiosamente tierno

El oleaje furiosamente tierno
Como la ira de Dios sobre sus aguas.
Nadie pregunta por los judíos.

Han quedado las puertas de sus casas abiertas
Y tan sólo la sombra de la muerte pasea entre las ausencias

De pronto me encuentro con un violín cansado
Sobre el roquerio
Una nota amarrada en su cintura

Pertenezco al pueblo de los judíos que es un pueblo de violines
¿Quién volverá a tocar el violin sobre las islas blancas?
¿Quién llenará el mar y el cielo con el violín de los judíos?

The waves furiously tender

The waves furiously tender
Like the wrath of God over his waters
No one asks about the Jews.

The doors of their houses have remained open
And only the shadow of death moves among the absences

Suddenly I find myself with a weary violin
On top of the rocky cliff
A note tied to its waist

I belong to the Jewish people which is a people of violins
Who will play the violin again above the white islands?
Who will fill the sea and the heavens with the violin of the
    Jews?

Toda la noche, la lluvia esculpe los
sonidos de la ira sobre las islas

Toda la noche, la lluvia esculpe los sonidos de la ira sobre las
   islas,

Ya las casas de los judíos han sido saqueadas.

Se han ido mis vecinos
Se los ha llevado la furia de los hombres

Tan sólo la lluvia reclama por ellos
Tan sólo la lluvia sobre las islas entre las sombras.

All night long, the rain sculpts the
sounds of hatred on the island

All night long, the rain sculpts the sounds of hatred on the
   island

The houses of the Jews have already been looted.

Gone are my neighbors
Gone is the fury of the men

Only the rain reclaims them.
Only the rain over the islands among the shadows.

Anoche soñé con el Puerto de Chania

Anoche soñé con el Puerto de Chania
El faro custodiando el refugio de las estrellas
Todo movedizo como la textura del sueño mismo.

Soñé también con ellos los judíos de Chania.

Que no regresaron a casa.
Que no celebraron el último Pesaj
Que no pasearon por el Puerto de Chania este atardecer.

Los judíos de Chania
Rumbo a la ciudad de los muertos
Y Chania es siempre la ciudad de la vida plena.

Hoy sueño con ellos.

Mi cabeza se despeina en dolores
Como un barco a la orilla de la muerte.

Last night I dreamt about the Port of Chania

Last night I dreamt about the Port of Chania
The lighthouse keeping watch over the refuge of the stars
Everything restless like the texture of omens and fears.

I also dreamt about them, the Jews of Chania.

Who did not return home
Who did not celebrate the last Passover
Who did not stroll along the Port of Chania at sunset.

The Jews of Chania
Headed towards the city of the deceased
And Chania is always the city of plentiful life.

Today I dream about them.

My head disheveled in pain
Like a boat at the shore of death.

Yo los veía pasear

Yo los veía pasear

Cabizbajos
Sin rumbo
Con movimientos ambiguos

Cruzando puentes

Sentados incredulos a la orilla del río

Eran los hijos de tantas guerras
Y se congregaban en los dominios perdidos de la huerfania
En silencio
Reconociéndose

Sin interrogantes
Sin deseos de respuestas
Pero sé que por las noches también el eco de los muertos los cobijaba.

I saw them pass by

I saw them pass by

Crestfallen
Directionless
With ambiguous movements

Crossing bridges

Sitting incredulous on the banks of the river

They were the children of so many wars
And they congregated in lost dominions
An orphanage in silence
Recognizing one another

Without questions
Without wanting an answer
But I know that in the evening Death's echo sheltered them.

Era el comienzo de la noche del Sabado

Era el comienzo de la noche del Sabado antes del mes de las
Cosechas antes de la abundancia de shabuot

Fuimos abrazados como un solo oleaje
A la sinagoga de Dubrovnik
Tu y yo los únicos que la visitaron

Tu y yo trayendo una chala
Para los judíos muertos de Dubrovnik
Para los que en la plaza de la ciudad
Tuvieron que reunirse
Amenazados por el odio
Dejaron las murallas de Dubrovnik
Sin Joshua para protegerlos con la melodía clara del shofar

Nada de ellos queda
Tan sólo estas paredes
Un arca inclinada

It was the beginning of the night of the Sabbath

It was the beginning of the night of the Sabbath before
The month of the harvests before the abundance of the tabernacle

Together we went as if a single wave
To the synagogue of Dubrovnik
You and I the only ones who visited.

You and I bringing a challah
For the dead Jews of Dubrovnik
For those that in the plaza of the city
Had to gather together   ·
Threatened by hate
Left the walls of Dubrovnik
Without Joshua to protect them with the clear melody of the shofar

Nothing remains of them
Only these walls
An inclined arch

Arqueada por las encantaciones del viento
Nada de la sinagoga de Dubrovnik
Ni los nombres
Ni las adivinanzas
Ni las historias
Ni la melodía
Ni la risa
Ni las lágrimas

Pero este Sabado hemos venido
A rezar junto a ellos
Nos untamos de fe y silencio.

Curved beneath the incantations of the wind
Nothing of the synagogue of Dubrovnik
Not the names.
Not the riddles.
Not the stories.
Not the melody.
Not the laughter
Not the tears

But this Sabbath we have come
To pray along with them
We are joined by faith and silence.

Como quien enciende las lámparas del amor

Como quien enciende las lámparas del amor,

Buscaba un país azul,

A veces redondo,
A veces ovalado, a veces asimétrico.

Un país con un solo barco para defenderse,
No de la Guerra pero del mal tiempo.
La ira de los otros
Buscaba un país donde cada amanecer alguien plantaba un
     árbol
Y los atardeceres la puesta de sol

Un país con mucho sol y niños nombrando las flores

No encontré a un país
Pero si a una isla azul,
Pequeña cabía en el contorno de nuestras manos
Las casas sólo tenían puertas que se abrían.

Like one who lights the lamps of love

Like one who lights the lamps of love,

I searched for a celestial homeland,

At times round,
At times oval, at times asymmetrical.

A country with only one boat to defend itself,
Not from war, but from the bad times.
The anger of others.
I searched for a country where every dawn someone planted a
    tree
And in the afternoons, sunsets.

A country bathed in sunlight with children naming the flowers

I didn't find a country
Rather an azure island
So small it fit in the shape of our hands,
Houses with doors that only opened.

Las viejas damas del océano
custodiaban los monasterios

Las viejas damas del océano custodiaban los monasterios
repartían pan con olor a viejas fragancias de anís y las picardías
  de vino añejo

En esa isla habían ángeles mensajeros de tan sólo buenas noticias

Era una isla donde se preguntaba poco

Y se cantaba más. Y no se hablaba del tiempo.

The old ladies from the ocean
watched over the monasteries

The old ladies from the ocean watched over the monasteries
And handed out bread fragrant with aged anise and the
    enchantment of old wine.

In that island there were messenger angels, bearers of good news

It was an island where one asked very little

And they sang. And never spoke of time.

Ellas las buenas mujeres de la isla

Ellas las buenas mujeres de la isla
Se levantaban cantando
Con el mismo sonido que ellas aprendían
Antes del primer nacimiento.

Sus voces pequeños ríos
Sobre la inmensidad del vertiginoso mar.

Y así se levantaban cantando
Y así se adormecían cantando
Tan sólo en las islas blancas donde no había
Ni futuro ni presente
El pasado era también una incertidumbre
Tan sólo la luz como una voz
Cayendo cual racimo sobre los contornos del agua.

They, the virtuous women of the island

They, the virtuous women of the island
Would arise singing
With the same sound they learned
Before the first birth.

Their voices slender rivers
Over the immensity of the vertiginous sea.

And that is how they arose singing
And that is how they fell asleep singing
Only on the white islands where there was neither
Future nor present
The past also an uncertainty
Only the light like a voice
Falling like a branch upon the contours of the water.

El sol cambiaba de colores

El sol cambiaba de colores

La luna enamoraba hasta los mas ancianos,

Los tomates se encendían de felicidad al verte pasar.

The sun changed colors

The sun changed colors

The moon enamored even the most elderly,

The tomatoes blushed with joy upon seeing you pass by.

Aquella noche la lluvia limpiando el
dolor del mundo y el nuestro

Aquella noche la lluvia limpiando el dolor del mundo y el
   nuestro

Tu dijste que pronto acamparía
Yo te dije qe quisiera llamarme nube

Te dije
No perdamos el tiempo
La vida se embellece frente a la llegada de la muerte

Tu boca en la mía
Fue agua viva
Racimo de aguas sobre el oleaje.

That night the rain cleansing the
sorrows of the world and our own

That night the rain cleansing the sorrows of the world and our
   own

You said that soon it would stop raining
I told you that I would like to be called cloud

I told you
Let's not lose any time.
Life becomes radiant in the face of death.

Your mouth in mine
It was living water
Clusters of water upon the swell of the surf.

Así llegaste

Así llegaste,

Encendida en esplendor.

El invierno reposaba en tu rostro.

Una leve blancura en tu cabello dorado.

That's how you arrived

That's how you arrived,

Radiant in splendor,

Winter rested upon your face.

A shimmer of whiteness in your golden tresses.

La nieve, serena dama, esperada e inesperada

La nieve, serena dama, esperada e inesperada
Regresa con su sabiduría del otro lado de la luz.
Pero igual una luz que apacigua el alma,
Copiosa nieve danzando desde el cielo,
Cubriendo la tierra de un paisaje tan quieto
De una serenidad como el más bello de los silencios

Nieva el cielo sobre el mar de espumas blancas
Que se prepara para el sueño largo de una noche Nevada
Y la mirada nos atraviesa por una transparencia
Somos tal vez más buenos menos cautos
Cuando la nieve nos interrumpe con su silencio.

Snow, serene lady, expected and unexpected

Snow, serene lady, expected and unexpected
Returns with her wisdom from the other side of light.
White snow that appeases the soul
Copious snow dancing from the sky
Covering the earth with a still landscape
Of a serenity like that of the most beautiful silences

From the sky falls a snow like a sea of white foam
That prepares itself for the long sleep of a snowy night
And the gaze pierces us with a transparency
Perhaps we are more worthy less wary
When the snow interrupts us with its silence.

El silencio envuelve tu rostro

El silencio envuelve tu rostro
Nievan historias sobre tu cabellos
Reconoces a tu padre sobre las sombras
Y le cuentas sobre las islas blancas
Sobre la noche de Rodas el viento galopante
Los judíos en las naves de la muerte.

The silence enshrouds your face

The silence enshrouds your face
Stories fall like snow upon your tresses
You recognize your father above the shadows
And you tell him about the white islands
About the night in Rhodes with the wind galloping
The Jews in the vessels of death.

Vengo a ti a contarte encantos

Vengo a ti a contarte encantos
Te he traído un jardín de amapolas
Si no olividara las piedras
Coronando tu cabellera de mariposa dorada.

Perfumaré tu tumba con olor a mentas
Te contaré pequeñas historias.

I come to tell you enchanting stories

I come to tell you enchanting stories
I've brought you a garden of poppies
If I don't I'll forget the stones
Crowning your tresses a golden butterfly.

I will perfume your tomb with the scent of mint
I will tell you tender stories.

Fuimos a la casa vacía

Fuimos a la casa vacía.
¿Desafiando la memoria?
¿Qué buscábamos entre las malezas dolidas?
¿Regresaría la lagartija como un huésped amado?

Caminamos frágiles con los pies que recordaban travesuras.

Me asomo a la terraza, un universo descascarado
Las baldosas carcomidas como la dureza de aquellos inviernos

Me asomo al jardín,
Ni la menta ni el boldo.
Ni las lilas.

Con la huída todo dejó de crecer.

La memoria viaja de aquí y de allá

Me esfuerzo por recordar cosas
La felicidad y las horas como una misteriosa ráfaga

Tal vez las lluvias borraron la entrada
Tal vez los muertos no pudieron traspasar los candados
Tal vez todo se deshizo como los pilares de sal
Y me pregunto, ¿quién era cuando aquí vivía?

We went to the vacant house

We went to the vacant house.
Defying memory?
What were we searching for among the wounded weeds?
Would the lizard return like a cherished guest?

We walked gingerly... with feet that recalled mischievous capers

I peer out over the terrace, a neglected universe
The weathered, weary flagstones like the harshness of those winters

I peer out over the garden,
There is no mint, nor boldo
Nor lillies.

With the flight everything stopped growing

Memory travels from here and there

I struggle to recall things
Happiness and the hours like a mysterious flash

Perhaps the rains erased the entrance
Perhaps the deceased ones couldn't pierce through the locks
Perhaps everything became undone like pillars of salt
And I ask myself, who was I when I lived here?   113

Mi padre solía asomarse a mirar al mar

Mi padre solía asomarse a mirar al mar.
Tal vez lo saludaba
Imaginaba su abundacia o la llegada de sus padres
En un velero de papel

Lo busco, tenía una Mirada parecida a la noche
Tal vez el solo vivió entre las ausencias
Buscando a los muertos entre las marejadas.

My father would often come out to gaze upon the sea

My father would often come out to gaze upon the sea
Perhaps he greeted it
Imagined its abundance or the arrival of his parents
In a paper sailboat

I search for him, he had a gaze similar to the night
Perhaps he alone lived among the absences
Searching for the dead amidst the swell of the sea.

Toda la santa noche

Toda la santa noche
Toda la noche ya alejada del día
Ella sólo quiera ir el cantar de los pájaros nocturnos
Los aguardaba como quien busca la tibieza
    para escuchar el más largo relato de amor.

Así ella escogía el tiempo de la oscuridad, las venas del
    silencio,
Conocedora del nombre de las estrellas

Vestida toda de rojo como quien espera la llegada de un
    corazón abierto
Ella esperaba a los pájaros nocturnos

Soñaba con sus alas de nácar.

Los dejaba jugar con el revs de la luna
Como quien juega con el revés de las palabras
Y amaba la noche vulnerable y desafiante
Amaba el primer lucero
Y el cielo era como un mar antiguo

Las islas eran cielos poblados de pájaros con alas de nácar.

The entire blessed night

The entire blessed night
The entire night already distanced from the day
She only wanted to hear the singing of the nocturnal birds
She waited for them like one who searches for the warmth
    to hear the longest love story

And that is how she chose the time of obscurity, the veins of
    silence and she knew the names of the stars

And dressed in red like one who awaits an open heart
She awaited the nocturnal birds

She dreamt about their mother-of-pearl wings

She let them play with the back side of the moon
like one who plays with the reversal of words
And she loved the vulnerable and defiant night
She loved the first morning star
And the sky was like an ancient sea

The islands were skies filled with birds with wings of mother-of-pearl.

Como si el silencio fuese un ropaje

Como si el silencio fuese un ropaje,

Como si el silencio se acercara sin urgencias a contar historias,
    a danzar sobre las palabras no dichas como si pudiese el
    silencio desnudar la noche temerosa sin palabras
Amo el silencio de las horas el silencio de casas embriagadas
    por la memoria
El oleaje callado sobre la quietud

Silencio sobre la memoria.

Como si los días viajaran sin urgencias
Como si el tiempo fuese una urdimbre de luz
Amanece en la isla blanca
Ella lava las veredas con agua de rosa

Y canta.

As if silence were garments

As if silence were garments,

As if silence drew near without haste to tell stories, dance over
   unspoken words
As if silence could undress the fearful night without words
I love the silence of hours the silence of houses drunk with
   memory
The hushed swell of the waves over the stillness

Silence over memory

As if days travelled without urgency
As if time were a flash of light
It dawns on the white island
She washes the sidewalks with rose water

And sings.

Ella quiso ser isla

Ella quiso ser isla,

Amó la desquiciada locura de ellas, las islas,

Ella quiso llegar a una isla que, tal vez, no era una isla

Despojarse de los amores pedregosos en ruinas

Quiso ser una isla
Tan sólo habitar la cintura del mar
Y no salir y no regresar
Tan sólo ser isla
Isla de noche
Isla del amanecer
Islas.

She longed to be an island

She longed to be an island,

She loved the unbridled madness of them, the islands,

She longed to arrive to an island that, perhaps, wasn't an island

Divest herself of the ruinous, stony loves

She longed to be an island
To only inhabit the sea's waistline
And not leave or return
To only be an island
Island of the night
Island of the dawn
Islands.

Yo y mi isla

Yo y mi isla.
Como un invisible jardín de agua.

Yo y mi isla
Isla de mirada dulce de agua dulce
Dulce la isla mía.

Isla con lágrimas dulces
De lágrimas saladas
Reparadora de tristezas.

I and my island

I and my island
Like an invisible garden of water.

I and my island
Island of a sweet gaze of sweet water
Sweet this island of mine.

Island with sweet tears
Of salty tears
Healer of sorrows.

Entre las grietas y los abismos

Entre las grietas y los abismos

Los golpes de un viento travieso y pérfido
Vivo entre las aguas
Hablo entre las sombras
Busco
Anochece.

Among the crevices and the abysms

Among the crevices and the abysms

The pounding of a mischievous wind
I live among the waters
I speak among the shadows
I search
Night falls.

¿De qué color es la tristeza?

¿De qué color es la tristeza?

¿O tal vez era tan sólo una herida?

¿Tendrá textura la tristeza?
¿Urdimbres?

¿Cómo guarecerme de ella la tristeza?

¿Guardarla en islas y caracolas extraviadas?

¿Confundir el anochecer con el origen de las cosas?

La tristeza girando sobre el rostro
La tristeza pegándose a la piel, como una ¿neblina
     interminente?
¿Tendrá un halo azul?
¿Unas grietas verdosas como los bosques adormecidos?
¿Una encantación rosada?

¿Una transparencia de silencios?

¿Dónde habitará la tristeza?
¿En las islas lejanas apoderadas por el ritmo de las derivas?
¿Por el oleaje sombrío?

What color is sadness?

What color is sadness?

Or perhaps it was only a wound?

Might sadness have texture?
Weavings?

How can I take shelter from sadness?

To keep it in missing islands and seashells,

To confuse nightfall with the origin of things?

Sadness circling about the countenance
Sadness attaching itself to the skin like a layer of mist
Might it have a blue halo?
Some greenish crevices like dormant forests?
A rose-colored incantation?

A transparency of silence?

Where might sadness reside?
In the distant islands overtaken by the rhythm of drifting?
By the somber waves?

¿Te has quedado guardada y quieta?

¿Te has quedado guardada y quieta?
O la isla te guarda en tu tibieza?

Las palabras también se tejen con pequeños silencios
Pausas intersticios urdimbres
¿Qué hay más allá de las palabras
¿Qué miras más allá del horizonte
Donde la línea del mar se junta con el cielo?

Tu voz atraviesa el entorno azul.
Más allá del decir llega el gesto del viento.

Emerges del silencio como una caracola.

Have you kept yourself safe and still?

Have you kept yourself safe and still
Or does the island shelter you in your warmth?

The words also knit themselves with tiny silences
Pauses interstices intrigues
What is there beyond the words?
What are you gazing at beyond the horizon
Where the sea meets the sky?

Your voice extends beyond the celestial surroundings.
Beyond the words the gesture of the wind arrives.

You emerge from silence like a seashell.

Palabras sobre el agua

Palabras sobre el agua.
Agua como un cristal de palabras,
La espuma como un velo de novia
Todo lo sientes. Eres.

Y poco a poco te despreden
Tu voz como un archipielago.

Words above the water

Words above the water.
Water like a crystal of words,
The foam like a bridal veil
You feel everything. You are.

And little by little they unfold you
Your voice an archipelago.

Era una mujer como el otoño

Era una mujer como el otoño,

Su pelo tan sólo una sola hoja trenzada ambar era esa hoja.

Hoja dorada cual cascada sobre los hombros

Trenzado el cabello como el pan sagrado de su pueblo

También los ojos recuperaron el lustre de la espesa miel

La piel teñida por el anarajado y violeta color de fiesta color de
  danza

El otoño se mecía entre sus manos.
Un día ellas se convirtieron en dos ramas.
Otro día en un árbol de fina cintura.

Y se fue haciendo bosque
Y se fue haciendo sagrada y Antigua

Había regresado a su isla y a su casa
Donde no habitó más en soledad
Tan sólo en plenitud y reposo

She was a woman like autumn

She was a woman like autumn

Her hair a single braided leaf amber was that leaf

Golden leaf falling over her shoulders

Her hair woven like the sacred bread of her people

Her eyes also recuperated the luster of thick honey

Her skin tinged by the orange and violet color of fiesta color of
    dance

Autumn swayed between her hands.
One day they were transformed into two branches.
Another day a shapely tree.

And she went on to become forests
And she went on to become sacred and ancient

She had returned to her island and to her house
Where she no longer lived in solitude
Only in plenitude and repose

Dicen que al pasar el otoño la anuncia
Sus pies van marcando el sendero de oro
Hojas urdimbres velos historias

El otoño en sus pies
El bosque claro en su historia.

They say that upon passing autumn announces her
Her feet marking the golden path
Leaves intrigues veils stories

Autumn in her feet
The clear forest in her story.

El pelo de mi madre como una luna cansada

El pelo de mi madre como una luna cansada
Como una noche que derrama cenizas
Antes me dormia en su cabello
Tenía tan sólo su fragancia que tan solo yo reconocia

A veces cuando el sopor de la tarde nacía
De la agrietada tierra
Vi en su cabello que se posaban luciérnagas

Como las más traviesas estrellas de los bosques

Cuanto jugaba con su cabello
A veces era una montaña de arenas doradas

Otras veces un caracol desordenado que yo recogía

Y trenzaba como ellas
Tantas veces trenzaba el mío

En su cabello encontraba mi portal
Embarcaciones coloridas

Una bahía,

Una ciudad.

My mother's hair was like a weary moon

My mother's hair was like a weary moon
Like a night that spills ashes
I would fall sleep in her tresses
Which had her fragrance that I alone recognized

At times when the drowsy afternoon arose
From the cracked earth
I noticed that lightning bugs alighted in her hair

Like the most mischievous stars of the forests

How I would play with her hair
At times it was a mountain of golden sands

Other times it was scattered seashells that I would gather

And I would braid her hair
Like so often she would braid mine

In her hair I found my portal
Colorful vessels

A bay,

A city.

Ahora su cabello también se adelgazó con su mirada

Ya no se posan en el las traviesas luciérnagas

Ahora tan sólo la luna se acomoda en el
La luna que alumbra y oscurece

La luna que transita entre las sombras.

Que alumbra su falda arrugada y de plieges hundidos como
    sus ojos

¿Tal vez su cabello quedo en la memoria de mis manos?
¿Tal vez tan sólo somos polvo de estrella?
¿Memoria de luna?
¿Fugaces luciérnagas?

El pelo de mi madre como una luna menguante.
Su mirada a la deriva.

Now her hair also became slender with her gaze

And no longer did the fireflies alight there

Now only the moon settles there
The moon that illuminates and darkens

The moon that passes through shadows.

That illuminates her wrinkled skirt with sunken creases like
    her eyes

Perhaps her hair remained in the memory of my hands?
Perhaps we are merely stardust?
Memory of the moon?
Fireflies in flight?

My mother's hair like a waning moon.
Her gaze adrift.

En tierras extranjeras

En tierras extranjeras
Tu madre es una extranjera

Con costumbres y rarezas
Como el besarte dos veces en las mejllas

Y arroparte con las primeras heladas

O dejar las ventanas abiertas
Para el regreso de los ángeles

Un día quisiste crecer
Tal vez yo temerosa te daba demasiadas sombras
Y en mi afán de hacerte crecer te hacía cada vez más pequeña.

In foreign lands

In foreign lands
Your mother is a stranger

With habits and oddities
Like kissing you twice on the cheeks

And wrapping you in layers when the chill sets in

Or leaving the windows open
For the return of the angels

One day you wanted to grow
Perhaps I was fearful I gave you too many shadows
In my desire to make you grow I made you even smaller.

Se aleja el verano de las islas blancas

Se aleja el verano de las islas blancas
Reclinada te inclinas sobre la bahía vacía
Tu soledad se parece a una isla en invierno.
Cuando te hablas a ti misma
Porque no hay ni voz ni consuelo
Tan sólo recostada sobre la bahía
Como si sueñas.

Summer slips away from the white islands

Summer slips away from the white islands
Leaning over the empty bay
Your solitude seems like an island in winter.
When you speak to yourself
Because there is neither a voice nor consolation
Only you resting on the bay
As if you are dreaming.

Ella escribía cartas de amor desde la isla

Ella escribía cartas de amor desde la isla
No tenían destinatarios
Ni direcciones precisas
No conocía a indomitos viajeros
Que con gran anhelo la visitaban al amanecer
Tan solo amaba escribir pequeñas cartas de amor
Encantaciones azules

Y cada carta parecía ser una hoja azul
Barcos de papel.

She wrote love letters from the island

She wrote love letters from the island
They didn't have addressees
Or specific destinations
She didn't know indomitable travelers
That visited her anxiously at dawn
But she wrote short love letters
Bluish enchantments

And each letter seemed to be an azure leaf
Paper ships.

Mi madre regresó a su isla

Mi madre regresó a su isla
No en un barco de papel o a la deriva

Como en las fábulas reales de los esquimales
Sino qué camino hacia ella untándose con sus diminutos pies
Entre soleadas algas
Dijo que regresaría a morir o a seguir viviendo junto al agua
Donde el alma es liviana y tan sólo se permite hablar en
    palabras livianas
Dice que en las islas tan sólo los sabios hacen preguntas
    ingenuas
No hay prisa por llegar a ningun sitio
Mi madre regresó a su isla

La de la imaginación o la bordeada de aguas inquietas y
    profundas
Congregó a todos sus fantasmas
Y salió en su silla de paja a navegar por las orillas frondosas
Descubriendo palabra y archipiélagos

Recitando historias de amor
Soñando con el amanecer.

My mother returned to her island

My mother returned to her island
Not in a paper boat or adrift,

Like in the real tales of the Esquimos
Rather she walked towards the island
Spreading her diminutive feet
Among sundrenched algae
She said that she would return to die or to continue living near
    the water
Where the soul is weightless and one can only speak in gentle
    words
She says that on the islands the wise ones ask childlike
    questions
There is no hurry to arrive anywhere.
My mother returned to her island.

The one in her imagination or the one embroidered with
    profound, restless waters
She gathered together all her ghosts
And she set sail in her wicker chair to navigate the frothy
    shores
Discovering new words and archipelagos

Reciting love stories
Dreaming with the dawn.

Tan Sólo el Mar

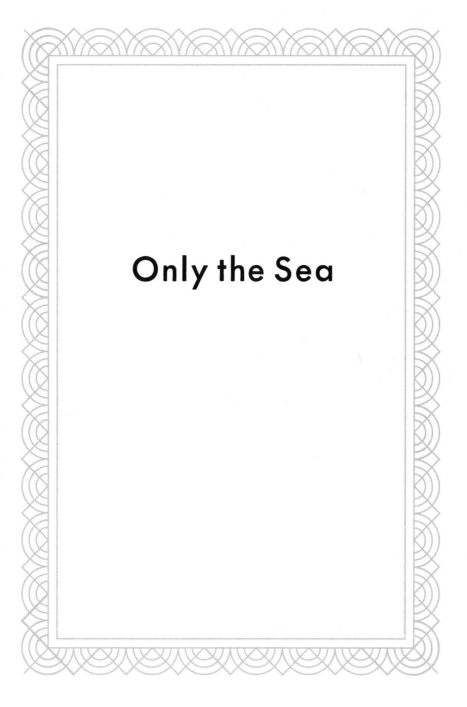

Only the Sea

Se entrelazaban sus cuerpos

Se entrelazaban sus cuerpos,
Confiados el uno sobre el otro
Sujetaban el universo con un beso.

Their bodies intertwined in each other

Their bodies intertwined in each other,
Confiding in one other
They held the universe in a kiss.

Tal vez la única urgencia

Tal vez la única urgencia

El vivir, cerrar los ojos,
Observar la nitidez del aire
La espesura del horizonte

La urgencia del deseo.

The only urgency

The only urgency

Living, closing one's eyes,
Observing the stillness of the air,
The denseness of the horizon

The urgency of desire.

El día de tu muerte

El día de tu muerte
Tus hermanos te regalaron un árbol
Lo plantaron en una ciudad que nunca fue tuya
En un cementerio donde nadie te conocía

En tantas regiones de la tierra habías vivido

Y el árbol se fue secando de a poco
El viento devóro sus escasos ropajes

El sol también abandonó sus ramas pequeñas con tus brazos

¿Y si yo te plantase un árbol en una isla azul
O si yo te regalase un poema como un arpegio de memorias?

La guardiana del cementerio,
Dice no hay remedio con ese árbol.

¿Y si plantasemos uno más cerca de la luz?¿Dónde las sombras
    no habitan?

¿Y si alguien fuese a visitar tu árbol para regarlo con lágrimas
Crecería?
Y si alguien cubriera sus raíces con musgos y sueños

The day of your death

The day of your death
Your brothers gave you a tree
They planted it in a city that was never yours.
In a cemetery where nobody knew you

You had lived in so many regions of the earth

And the tree withered away with time,
The wind devoured your scant clothing

The sun also abandoned its small branches with your arms

And if I were to plant a tree on an azure island?
Or if I were to regale you with a poem an arpeggio of
    memories?

The keeper of the cemetery,
Insists that the tree is hopeless.

And if we were to plant one closer to the light? Where
    shadows don't reside?

And if someone were to visit your tree to water it with your
    tears,
Would it grow?
And if someone were to cover your roots with moss and
    dreams

Vivían
Y si alguien te visitara en tu muerte
Y tu envuelta en luz los recibieses
Y si alguien cuidase de tu árbol.

They would live
And if someone were to visit you in your death
And you enveloped in light were to receive them
And if someone were to care for your tree.

En la isla blanca

En la isla blanca
Regresamos al amor
Como quien regresa a un país
De origen

Y las palabras de aquellos idiomas olvidados
También florecen comos los higos plenos.

On the white island

On the white island
We returned to love
Like one returns to the country
Of origin

And the words of those forgotten languages
Also bloom again like plentiful figs.

Tan sólo el sol recostado junto a nuestros cuerpos

Tan sólo el sol recostado junto a nuestros cuerpos
Más allá de la noche

Las libelulas
Los ángeles traviesos

Faros en las riveras,
Tibieza en las sienes.

Only the sun resting alongside our bodies

Only the sun resting alongside our bodies
Beyond the night

The dragonflies
The mischevious angels.

Lighthouses on the shores,
Warmth in the temples.

Acercándose a los umbrales

Acercándose a los umbrales

A la mesa vacía
A los surcos a las grietas

Nosotros aguardando las horas los instantes.
El palpitar del adiós
La fuga del alma
Los senderos de la memoria,
Y la muerte sin vacilar
Llega se acerca te lleva.
Y el alma en fuga
Y el corazón como una lágrima azul.

Ya también los pájaros le huyen.
La sombra también es un pajaro que huye.

Drawing near to the thresholds

Drawing near to the thresholds

To the empty table
To the furrows to the crevices

And here we are awaiting the hours, the instances
The palpitation of the farewells
The fugue of the soul
The paths of memory,
And death without vacillating
Arrives draws near carries you away.
And the soul in flight
And the heart like a blue tear.

Also the birds already take flight.
The shadow is like a bird in flight.

Dejé a las islas blancas
y a los que amé en ellas

Dejé a las islas blancas y a los que amé en ellas,
Como quien deja una casa vacía
Con las puertas y sus grietas
Con las ventanas como un corazón quebrado

Me fui alejando de las islas blancas como quien se despide de
    la luz del mar

No recogí ni piedras ni caracolas
Tan sólo me fui como quien se lleva una fragancia
Mi piel se untó de sonidos

No miré hacia atrás
Ni temí convertirme en estatua

Tan sólo navegé más allá del mar
La fragancia de la isla de las rosas
En mi manta

Los judíos de las islas blancas navegando navegando.

I left the white islands
and those who I loved

I left the white islands and those that I had loved there
Like one who leaves an empty house
With the doors and its cracks
With the windows like a broken heart

And I went away from the white islands like one who says
    farewell to the light of the sea

I didn't gather stones or seashells
I simply left a fragrance
My skin was daubed with sounds

I didn't look back
I didn't fear being turned into stone

I merely sailed beyond the sea
Fragrance of the island of roses
In my shawl

The Jews of the white islands sailing, sailing.

Iré contigo a Salonika, Michal

Iré contigo a Salonika Michal
A la ciudad donde los muertos
A veces regresan y desde la distancia de todos los horizontes
Nos hacen señas según las ondulaciones del viento.

Iré contigo a Salonika para tan sólo sentarme en los cafes que
    son balcones hacia
El mar y brindar por ellos

Por la sagrada continuidad de cada una de sus vidas
Por sus casas azules
Por sus sinagogas que cantaban
Por sus paseos al puerto todos los sábados
Por Ovadia y por Luna

¿Como es esta Salonika sin ellos?
Conoces tu la morada de los muertos.

I will go with you to Salonika, Michal

I will go with you to Salonika, Michal,
To the city where the deceased
At times return and from the distance of all the horizons
They show us signs measured by the undulation of the wind.

I will go with you to Salonika just to sit down in the cafes with
    balconies facing
The sea and drink to them

For the sacred continuity of each one of their lives
For their blue houses
For their synagogues that used to sing
For their strolls to the port every Saturday
For Ovadia and Luna

What is this Salonika like without them?
You know the final resting place of the deceased.

Nocturno Sobre las Aguas

Nocturne Falls
on the Water

Era entonces la llegada del más esplendido de los otoños

Era entonces la llegada del más espléndido de los otoños

Las hojas malvas tejían historias

Y el viento parecía un violín entre esas espesuras
¿Esta era ahora mi ciudad?
Cuando llegué de mi otra ciudad temerosa y sin lengua
Habían pasado los años y la amé con inocencia o me dejé
Amar por ella.

It was then the arrival of the most splendid of autumns

It was then the arrival of the most splendid of autumns

The mauve leaves weaved stories

And the wind seemed like a violin among the denseness
Was this now my city?
When I arrived from my other city fearful and without words
The years had passed and I loved her with innocence or I let
    myself
Love because of her.

Solías decir en tus palabras enmarañadas

Solías decir en tus palabras enmarañadas como si salieran
     desde el fondo del mar
Solías decir que recogías las hojas de la isla como quien
     recoge el nombre de los muertos
Cada una de ellas era la esplendorosa caligrafía de una historia
Cartografías de vidas audaces.

Recogías todo el otoño de la isla
Nada quedaba para las pasiones del viento
Tan sólo tú yendo y viniendo con el corazón tan frágil y repleto

Tu boca derramaba la encantación de las magentas

Ocres y naranjas surcando tus dedos dorados

Recogías historias el nombre de los judíos de Rodas que en un
     lejano otoño

Perdieron las arboledas las raíces los ojos de la isla y sus rosas.

Tú los buscas en el parque de otoño
Tu memoria extendida como un mar en remanso.

You would say in your entangled words

You would say in your entangled words as if they came
    from the depths of the sea
You would say that you gathered the leaves of the island
    like one who gathers the names of the deceased
Each one of them the splendid calligraphy of a story
Cartographies of audacious lives.

You gathered the entire autumn of the island
Nothing remained for the passions of the wind
Only you coming and going with your fragile and full heart

Your mouth overflowed with incantations of magenta

Ochers and oranges creasing your golden fingers

You gathered stories the names of the Jews of Rodas that in a
    distant autumn

Lost the groves of trees the roots the eyes of the island and its
    roses.

You search for them in the meadow of autumn
Your memory extended like a peaceful sea.

Aguardando la llegada de las lluvias

Aguardando la llegada de las lluvias

Como quien espera el nombre de las cosas,

Llueve piadosamente esta noche en las islas
Te asomas y sujetas al mundo tu cabello es una isla
Que derrama historias

Has visto llorar al mundo
Todo se humedece y se empaña
Todo se borra y vuelve a nacer
Esta noche has visto llorar al mundo

Llueve sobre las islas del mar Egeo
Te reconoces en las pisadas del agua

Una mujer en una isla sueña con un balcón sobre las lluvias.

Awaiting the arrival of the rains

Awaiting the arrival of the rains,

Like one who awaits the name of things,

The rain is pious this evening on the islands
You peer out and hold fast to the world your hair is an island
That scatters stories

You have seen the world cry
Everything becomes damp and clouded
Everything becomes blurry and is born again
This evening you have seen the world weep

It rains over the islands of the Aegean Sea
You recognize yourself in the footsteps of the water

A woman on an island dreams about a balcony overlooking the
rain.

Amanecíamos en la isla

Amanecíamos en la isla,
El ruido de las aguas
Se asomaba entre nosotros
¿Nos quería despertar?
¿O tal vez lo que oíamos eran los pasos de los extraviados?

El sol despertaba entre nuestros brazos
Tu boca se posó en mi párpado.
Tambien tú y el sol me despertaron
A lo lejos alguien dijo que ese día
Ya se irían los judíos de la isla de las rosas
Aún no habían barrido las veredas con pétalos de rosa
Aún Estrella y Luna no colgaban las sabanas al sol
¿Pero se iban los judíos de la isla?

¿Tendríamos que ir a despedirlos cuando entraban
Hacia el abismo de la muerte?

¿Y dónde se quedarían sus canciones,
Sus rimas, sus palabras?

We would awaken on the island

We would awaken on the island,
The sound of the water
Would arise between us
Was it trying to awaken us?
Or perhaps what we heard were the footsteps of the missing?

The sun awakened between our arms
Your lips rested upon my eyelid.
Both you and the sun awakened me
In the distance someone said that on that day
The Jews of the island of roses would go away
They still had not swept the sidewalks of the rose petals
Estrella and Luna still had not hung out the sheets to air in the sun
But were the Jews leaving the island?

Would we have to bid them farewell when then entered
The abysm of death?

And where would their songs reside?
Their rhymes, their words?

Era honda la alegría en la isla

Era honda la alegría en la isla
Siempre en busca del sol

Jugamos en la dirección de las nubes que tocaban la bahía.
A lo lejos el viento también inventando lenguajes
El sol amanecía en nuestra mirada
No habia ni encierro ni exilio
Tan sólo el tiempo de las islas
Monótono y abundante
Soberano y sencillo.

The joy on the island was deep

The joy on the island was deep
Always in search of the sun

We played in the direction of the clouds that graced the bay.
In the distance the wind also invented languages
The sun awakened in our glance
There was no confinement or exile
Just the time of the islands
Monotonous and abundant
Sovereign and simple.

El arte de vivir

El arte de vivir

Que el tiempo nunca transcura pobremente
Ni que la turbulencia de los días interrumpa
La claridad del amanecer, la quietud abundante
De las horas de la noche

Que la prisa nunca te turbe
Eligue el ritmo de los instantes sin premura.
La elegancia de las horas entre los abanicos de Córdoba
Que la transparencia sea tu única medida
De las horas transcurridas
O del tiempo futuro que ya se hizo pasado.

Que el goce de tu voz tan sólo sea para el decir
De la poesía y el amor
Que tus palabras tengan el don de la caricia
Y que las disputas crueles sean censuradas por tu mesurado
    decir

Que vivas en la abundancia de la alegría
 Que la desmesura se llene de asombros
Que tus ojos nombres claridades
Que todos los días reces mirando hacia las colinas doradas de
    Jerusalem

The art of living

The art of living

Never let time pass insignificantly
Nor allow the turbulence of the days to interrupt
The clarity of the dawn, the abundant stillness
Of the hours of night

Never let haste disquiet you
Choose the rhythm of the unhurried moments.
The elegance of hours among fans from Cordoba
Let transparency be your only measure
Of the hours spent
Or of the future time that has already made itself a past
    present.

Let the pleasure of your voice be for merely speaking
    Poetry and love
Let your words possess the gift of a caress
And let cruel arguments be censured by your measured voice

Let yourself live unfettered in the abundance of joy
Let excess be filled with wonder
Let your eyes name clarity
Everyday pray looking towards the golden hills of Jerusalem

Que todo el Rosado de sus atardeceres
Bañen tu piel.
Que tus pies aprendan a viajar por geografías ambiguas.

Let the rosiness of the afternoons
Bathe your skin
Let your feet learn to travel through ambiguous geographies.

Te he imaginado entre las islas serenas

Te he imaginado entre las islas serenas
Y los ventiqueros despiadados
En los días de tormentas incandecentes
Y en el tiempo de la luz como una naranja deseada

Mi mirada se empapa de ti
Se alumbra en ti
Mi aliento es de sal y aguas

Mar de las caracolas y el nacar
Mar de las mujeres celestes
Y los pescadores enamorados

Entre el mar y yo, el placer y el delirio
La distancia y la complicidad.

I have imagined you among the serene islands

I have imagined you among the serene islands
And the merciless snowdrifts
On the days of incandescent storms
And in the times of light like a desired orange

My gaze is infused with you
It becomes enlightened in you
My breath is that of salt and water

Sea of seashells and mother of pearl
Sea of celestial women
And of enamored fishermen

Between the sea and me pleasure and delirium
Distance and complicity.

Las islas

Las islas

Vivir en ellas
Escribir en ellas
Amar en ellas
Las islas que le cantan a los viajeros solitarios
Las islas como un ensueño en el medio de todos los abismos

Soñamos con las islas
Amar en ellas, despertar en ellas
Sentir el exilio de la tierra en sus entornos

Buscar el furor de las historias en ellas
Tan sólo sentir sus espesuras
El agua como un rezo o un lamento
El agua como una de las tantas grietas del alma

Las islas vivir y ser de ellas.

The islands

The islands

To live in them
To write on them
To love on them
The islands that sing to the solitary travelers
The islands like a daydream in the middle of an abyss

We dreamt of the islands
Loving on them awakening on them
To feel exile from the earth and all that encompasses

Searching for the furor of the history on them
Only feeling their density
The water like a prayer or a lament
The water that fills many crevices in the soul

The islands to live and be from them.

Antes de la llegada de la luna clara

Antes de la llegada de la luna clara la luna de las islas blancas
Ella recoge las caracolas que todas las orillas remontaron a sus
pies
Y cual alhaja mas deseada las acerca se las lleva a sus oídos
como quien
Escucha una historia de amor
Y se deja llevar por los tiempos sonoros del mar y se deja
llevar a las zonas
Ambiguas del sentir
Donde el pasado y el futuro se evanecen
Donde el futuro y el presente se deslizan
Tan sólo el agua honda y viva sobre sus mejillas
Tan sólo la melodía de una noche sobre las islas blancas
Tan sólo una mujer escuchando el mar en medio de unas
caracolas.

Before the arrival of the clear moon

Before the arrival of the clear moon the moon of the white
    islands
She gathers the seashells that the tides delivered to her feet
And just like a treasured jewel she draws them near to her ears
    like one who
Listens to a love story
And she is carried away by the sonorous hours of the sea
    and allows herself to be carried away to those zones
Ambiguous of feeling
Where the past and the future evanesce
Where the future and the present slip away
Only the deep, living water upon her cheeks
Only the melody of a night on the white islands
Only a woman listening to the sea in the seashells.

Ha regresado a la isla Blanca

Ha regresado a la isla Blanca
A la mesa de los cafés
Donde tan sólo el viento se acomoda entre las sillas vacías

Después de que se fueron
Pareciera que tan sólo el vacío polula
Entre las callejuelas
Pareciera que todo es tan inquieto y carcomido

Ya todos se han ido

También ella regresa como abandonada
A la isla abandonada
Tampoco han regresado las luciérnagas
Y la luz de su mirada se extravia entre tanto vacío

Dicen que ha regresado a la isla Blanca
No a morir
No a encontrar
Pero tan sólo recordar.

She has returned to the white island

She has returned to the white island
To the tables of the cafes
Where only the wind settles in among the empty chairs

After they went away
It seemed that only the void seethed
Among the alleys
It seemed that all was restless and rotten

All of them have already left

She too returns like an abandoned one
To an abandoned island
Not even the lightning bugs returned
And the light of her gaze is lost among so much emptiness

They say that she has returned to the white island
Not to die
Not to discover
Only to remember.

En las islas aprendió a decantar las palabras

En las islas aprendió a decantar las palabras
Acariciar a las debidas dejar pasar las indeseadas
En las islas las palabras eran como el flujo del río
El tiempo de las aguas
Y se dejó llevar por las sabias
Abandonó las oscurecidas

En las islas aprendió a vivir en levedad
El repetir de las bendiciones
Y se dejó llevar por ciertos sonidos como un oleaje.

On the islands she learned to decant words

On the islands she learned to decant words
Caress the precise ones allow the insignificant ones to slip by
On the islands words were like the flow of the river
The time of water
And she let herself be swept away by the wise ones
She abandoned the obscure ones

On the islands she learned to live with levity
To repeat the blessings
And to be carried away by certain sounds like that of the waves.

En las islas blancas ella entendió las pausas de los silencios

En las islas blancas ella entendió las pausas de los silencios
Lo que los espacios dibujan y desdibuja

Tejió y destijió historias
Pero a nadie aguardó
Todo ya estaba allí entre el horizonte movedizo
Entre la levedad del sonido de los barcos
Y se sumergió toda en la felicidad
De ver el cielo y el agua también como un collar de palabras.

On the white islands she learned the pauses of silences

On the white islands she learned the pauses of silences
What spaces draw and erase

She wove and unwove stories
But she awaited no one
Everything was already there among the shifting horizon
Among the slight sound of the ships
And she immersed herself totally in the bliss
Of seeing the sky and water in her necklace of words.

Ya habían desaparecido las aldeas entre las dunas

Ya habían desaparecido las aldeas entre las dunas
Los pájaros que anidaron entre las colinas y el bosque
Habían eleguido otras rutas en el cielo

Las grandes ciudades yacían abando
nadas y sin atuendos

Ya no quedaban ni países ni fronteras

Disueltos las geografías el regresó a casa era más aún incierto
Que toda partida

Encontró a su casa
La que tenía las puertas azules
Para espantar a los fantasmas

La que aún conservaba la sombra de los árboles

La que aún recibía vestida de almendras la llegada de la primavera
No
Regresó a su país si a la casa con un balcón meciéndose cual cintura
Mirando al mar ilimitado
A la certidumbre de la llegada y salida del sol
Al armónico ritimo de la orquesta del mar

The villages had already disappeared among the dunes

The villages had already disappeared among the dunes
The birds that nested among the hills and the forest
Had chosen other routes in the sky

The large cities lay abandoned,
absent and naked

Countries and borders no longer remained

Geographies dissolved the return home was even more uncertain
Than every departure

She found her house
The one with blue doors
To chase away the ghosts

The one that kept the shadow of the trees

The one dressed in almonds that still received the arrival of spring
No
She returned to her country
To the house with a balcony swaying like the curve of a waist
Watching the limitless sea.
To the certainty of the arrival and departure of the sun
To the endless rhythm of the sea's orchestra

Y se decidió a esperar la vida entre sus umbrales
A celebrar las primeras semillas que pacientemente
    aguardaban al sol
Colgar y recoger la ropa acariciada por el sol
Leer viejos periódicos de noticias atrasadas

Barrer las veredas con agua de rosa
Esperar el regreso de los muertos
Dejar entrar a los vivos
Preparar el té con jazmín y manzanas
Dejarse llevar por el canto de las garzas
O el caminar de alguna vieja carreta

Regresó a su casa
Como a un universo
Encendió todas las lámparas
Como quien espera la llegada de un viejo amor.

And she decided to await life among its thresholds
To celebrate the first seeds that patiently awaited the sun
Hang and gather the clothing kissed by the sun
Read yellowed newspapers with outdated news

Sweep the sidewalks with rose water
Await the return of the deceased
Allow the living to enter
Prepare tea with jasmine and apples
Allow herself to be taken in by the song of the herons
Or stroll along some ancient path

She returned home
As if to a universe
She lighted all the lamps
Like one who awaits an old love.

Este es mi mar que canta

Este es mi mar canta
Esta es mi luna
Por dentro ella es también un faro.

This is my sea she sings

This is my sea she sings
This is my moon
Within she is also a lighthouse.

Tu mano trenzada sobre la mía

Tu mano trenzada sobre la mía
Forjábamos alianzas para palpar silencios
Y así me enseñaste a escuchar
Los ruídos invisibles
El aleteo de una mariposa audaz
El giro apasionado de los vientos enamorados
Y el piano…

¿Habían ruídos invisibles papá?
¿O eras tú el que me ayudaba a imaginarlos?

Your hand woven with mine

Your hand woven with mine,
We forged alliances to feel the silence
And thus you taught me to listen
To the invisible noises
The beating wings of an audacious butterfly
The impassioned swirl of enamored winds
And the piano...

Were there invisible sounds father?
Or as it you who helped me to imagine them?

Cae la lluvia sobre las islas y cubre
los espejos del horizonte

Cae la lluvia sobre las islas y cubre los espejos del horizonte
Cae tenue la lluvia sobre las islas,
    y a veces se desata con furia

Borrando el día y la noche
Evadiendo los contornos de la niebla

Y una mujer alumbrada por la luz de las islas blancas
Se asoma a la ventana
¿Aguarda?
Espera, vigila.

The rains fall upon the islands and
covers the mirrors of the horizon

The rains fall upon the islands and covers the mirrors of the
   horizon
The rain falls softly upon the islands
   and at times unleashes with fury

Erasing day and night
Dispelling the contours of the fog

And a woman ablaze with the light of the white islands
Peers out the window
Awaiting?
She waits, vigilant.

Tan sólo el mar

Tan sólo el mar,
Conteniendo la luz de los días.
El atardecer como un pétalo sagrado
Tan sólo el mar y su ropaje despojado de bullicios
Tan sólo el ritmo del oleaje preciso
Como el palpitar del mundo que llevamos dentro

Tan sólo el mar portador de todos los ritmos
De las amanecidas perpetuas
Y de la noche tan inmensa como el cuerpo de la memoria de lo
    amado

Tan sólo el mar
Conmigo viajando por países prestadas
Por huellas inventadas
El mar como una orquesta sonámbula

Como una caja de misterios y silenciosos ropajes

De todo lo amado tan sólo el mar
Cual majestuosa presencia dentro de mí
Dentro de ti
Como una historia que se hace y deshace
Como el rocío que despierta a la tierra
Tan sólo el mar

Only the sea

Only the sea,
Enclosing the light of day.
The sunset like a sacred petal
Only the sea and its apparel stripped of anything strident
Only the rhythm of the precise waves
Like the pulsation of the world that we carry inside of us.

Only the sea bearer of all the rhythms
Of perpetual dawnings
And the night so immense like the body of the memory of the
    beloved

Only the sea
Traveling with me through borrowed countries
Through invented traces
The sea like a somnambulant orchestra

Like a coffer of mysteries and silent garments

Of all that is beloved only the sea
Whose majestic presence is inside of me
Inside of you
Like a story that is fabricated and then undone
Like the dew that awakens the land
Only the sea

Su olor a verano
Visitándonos

Como una caricia tenue recostada sobre la luz
Alrededor los pájaros constelación de auguros
Tan sólo el mar madeja de sonidos
Historia de plenitud
Sueño de agua.

Its scent of summer
Visiting us

Like a tenuous caress reclined over the light
Nearby the birds a constellation of signs
Only the sea skein of sounds
History of plentitude
Aqueous dream.

From the Archive of Memory	Del archivo de la memoria	מֵאַרְכִיב הַזִּכָּרוֹן
You told me about the island	Me kontates de la izla	סִפַּרְתָּ לִי עַל הָאִי
that the Sephardic lady harbored	ke la sefardita guadrava	שֶׁהַסְּפָרַדִּיָּה נָצְרָה
in her silence	en su silensio	בִּשְׁתִיקָתָהּ
in her humility	en su anava*	בַּעֲנָוְתָהּ
and in her wonders	en sus maraviyas	וּבְפִלְאֶיהָ
When you were navigated	kuando navigates	כְּשֶׁהִפְלַגְתָּ
her vanished world that	en su mundo desparesido ke se	בְּעוֹלָמָהּ הַנֶּעֱלָם שֶׁשָּׁב לְהִתְקַיֵּם
reappeared	arebivirse	בֵּין הָאִיִּים הַלְּבָנִים שֶׁבְּתוֹכְךָ
amongst the white islands within	entre las izlas blankas dientro de ti	
you		כְּשֶׁסִּפַּרְתָּ
	Kuando me kontates	עָלְתָה מֵאַרְכִיב הַזִּכָּרוֹן הַקּוֹנְכִיָּה
When you told me	del archive do la memoria suvio	אֲשֶׁר בְּיַלְדוּתִי נִגְּנָה אֶת מַנְגִּינַת
form the archive of memory	la koncha	הַיָּם
yielded up the shell	ke en mi chikes tanyo	וְשָׁבָה שׁוּב עַכְשָׁו לְשִׁיר שֶׁלְּךָ
that in my childhood played the	la melodia de	
melody of	La Mar	אַל נָא תֵלְכִי בִּתִּי
The Sea	i ke agora atorno a la kantika tuya	אַל תֵּלְכִי לָךְ אֶל הַיָּם
and now returns into your song		כִּי הַיָּם הוּא סָעַר
	No te vayas la mi ija	שֶׁיִּסְחַף אוֹתָךְ לְאִי־שָׁם
Do not go my girl	No te vayas a la mar	
To the sea do not stray	Ke la mar esta en fortuna	אֶשְׁלַח לָךְ אֶת שִׁירִי
For the sea is a tempest	Mira k eta va arrastar	הִבְטַחְתָּ
That may sweep you away		אֲבָל אֲנִי יָדַעְתִּי מִבְּלִי לִקְרֹא
	Te mandare mi poezia	
i shall send you my poem	aprometites	כִּי הַמֶּרְחָק
you promised	ma yo la konosi sin meldar	אֵינוֹ קַיָּם
yet i knew it without reading		בְּהִתְגַּלּוֹת אוֹצָר
	Porke las leshuras	בְּלֵב
for distance	no egzisten	הַסְּעָרָה
does not exist	kuando un tezoro se aparese	
when a fortune is discovered	al korason de	
in the heart	la fortuna**	
of the storm		

Michal Held-Delaroza

---

*"Anava": Hebrew for humbleness, modesty.

**In Judeo-Spanish, "fortuna" means both a fortune and a sea storm.

Afterword

The Poetry of Plenitude:
Marjorie Agosín's Lyrical Journey
to the White Islands of Sepharad

Embarking with "Su voz / Un rezo muy antiguo" (Her voice / A very ancient prayer) and setting anchor where the sounds of the sea alone allow for a "Sueño de agua" (an aquatic dream) to be reached, Marjorie Agosín's voyage to the "White Islands" of Sepharad invites us to experience a lost universe. In her book of poems, the reader enters an often forgotten space and time that once stretched out along the coasts of the Mediterranean, vibrant communities of Sephardic Jews whose lives had been an integral part of the culture and vitality of the region.

   In *The White Islands, Las Islas Blancas*, we hear the rhythm of the waves and the Ladino-inflected voices of Sephardi women past and present in the fullness of their lives, their loves, dreams, and faith. It is *las Sepharditas*, these proud Sephardic women, who are leading Marjorie Agosin on the journey—Estrella, Luna and Paloma, whose names mean Star, Moon and Dove, who keep appearing and disappearing in the poems. As the poet holds their hands and lets them guide her in the voyage to their deserted islands, recreating a work of memory that originally was not hers, which only makes the process more powerful and empowering. The lyrical narrative offers us intimate insight into their lives, as we hear and feel their songs and yearnings, taste their festive cooking, and sense the intimacy of their love making, their sorrows and joys, filled with life, even as they have faded away.

Agosin on a journey from the seemingly foreign, distanced lands of Latin America and North America, sets out to reconstruct the lost images of those Sephardic lives, following their imaginary footsteps, interweaving them into the rich fabric of her poetry of plentitude. The poet is very modest about her aim and yet courageous: "I only wanted to write about them / Narrate their fierce audacity"; "I wanted to dance to her song […] to understand her singing." In the course of writing about them, she internalizes them, becomes them, and invokes her readers with language, empathy and memory to join her in the song, to embrace the dance at each step, and remember.

The poems are sensual, tasting like almonds, apples, honey and figs; smelling like rose water and jasmine and immersing in the sea, the rain, and the waterfalls. Moreover, they are synesthetic: one woman has a voice of honey, like her eyes; other women sing a song of water. And the poet? She resides in their silences. A key to experiencing this book is its synesthetic nature, not as a poetic technique, but in the sense of what Agosin metaphorically describes as "Un canto como una fragancia" (A song like a fragrance).

The French philosophers Deleuze and Guattari in their book

on Franz Kafka posited that "a minor literature does not derive from a minor language, but is the subversive, innovative, revolutionary creation of a minority within a major language."[1] The people whose lives Marjorie Agosín retraces while navigating between their islands, spoke, sang, loved and grieved in Judeo-Spanish (Ladino) that may differ from her native Chilean Spanish, yet does share the same Medieval Hispanic linguistic root.

Employing her superb command of Spanish, Agosín could have easily adopted the unique Sephardic dialect, Ladino, for portraying the lost Mediterranean, Ottoman Jewish life that has almost completely vanished from today's world. It is rather courageous of her not to do that, and instead let the hidden Judeo-Spanish exist underneath the Spanish, using the transparent "minor language" as a tool for reconstructing a memory. Those of us who are familiar with the ancient Spanish of the Sephardim can hear it echoing from under the sea level of the poems; those who are not familiar with it can sense the same echo, as the sound of the tide coming through the words of Agosin's poems is actually creating a lyrical cycle of visible Spanish and hidden Judeo-Spanish.

The movement between languages that orchestrates the poems resembles a translucent scarf under which a deeper process lies. In her previous book of Poetry, *The Light of Desire/ La luz del deseo* ,[2] Agosin took a journey to an earthly and spiritual Israel and incorporated its sites and people into her inner world. That journey is now followed with the quest of a South American Ashkenazi poet setting out to discover the world of Sepharad, a

---

1. Gilles Deleuze and Felix Guattari. Kafka: Toward a Minor Literature, translated by Dana Polan, (Paris, 1975), Minneapolis 1986.

2. Marjorie Agosin, *The Light of Desire / La luz del deseo*, Lori Marie Carlos, transl. Chicago 2009.

world that she does not belong to biographically or biologically. And yet, she makes it her own through the actual voyage she took to those regions that comprised the Ottoman Empire where Sephardic Jews strived to establish new lives, and productive communities, after the Spanish Expulsion in 1942, with those communities surviving with their culture, their language, their spiritual core well into the twentieth century, until the Holocaust.

When Marjorie Agosín visited their mostly deserted islands in the early twenty-first century, Sephardic life and culture were fading away, particularly in the Greek and Balkan regions, decades after the vast majority Judeo-Spanish speaking Jews had been murdered during the Holocaust. Yet, still there are remnants, remnants that couldn't be erased, and the sense of loss among those "islands" of Sepharad is palpable. To defy their mortality, Agosin has incorporated them into her own imagined community[3] in a creative rather than an empty, nostalgic way. The fragments of Sepharad that come into being in her poems may be deciphered in the light of Pierre Nora's description of the stage in which "lieux de mémoire" no longer exist.[4] At this point in the history of the Sephardim, Marjorie Agosin recreates their "milieux de mémoire" and invites us to rediscover them, traveling through *The White Islands*.

Marjorie shares with us her voyage to "paises pretados" (countries that were lent to me), starting with "el vacilar de la memoria" (the doubting of memory). Towards the end of the voyage, she talks about "el cuerpo de la memoria" (the body of memory) – as if in this rich and enriching journey the body is becoming the

---

3. Benedict Anderson, *Imagined Communities: Reflections on the Origin and Spread of Nationalism*, London 1983.

4. Pierre Nora, "Between Memory and History: Les Lieux de Mémoire", translated by Marc Roudebush, *Representations* 26 (1989), pp. 7–25.

memory and the memory is becoming the body.

The work with a memory that was not hers until she acquired and made it her own is the focal point of this book, in which poetry is conceived as a power, arriving like an unexpected storm ("La llegada de la poesía a sus manos como una inesperada tormenta".) This ars-poetic point connects to my own reflexive stand, that derives from the fact that my poetic journey underlies that of Marjorie Agosin's and is coming back to me, intensified and empowered, through her poems.

It is not accidental that in one of *The White Island*'s poems she encourages the reader to go with her to Salonika, a city whose lost Sephardic life we both lament while also celebrating the possibility to revive it by being alive there. Being born into a Sephardic family and devoting my own creative work to encounter its lost voices with those of my inner world, I had written about the singing young Jewish girls of Rhodes and about their imagined sisters in Istanbul, Salonika, Izmir and Jerusalem – to name just a few of the once striving Sephardic life centers.

In my grandmother's native Judeo-Spanish, I wrote that I wish to go "a toads las sivdades muertas de los Sefardis" (to all the dead cities of the Sephardim). That poem, which follows a traditional Sephardic folk song, concludes with my realization that "i go to the cities that live in / my heart mother / to seek there / the Master of the universe" (vengo a las sivdades ke biven en / mi korason madre / a bushkar ayi / el Senior de todo el mundo.)[5]

The collection of poems that stretch out between the white islands, its nocturne, making stops in an actual as well as an imag-

5. Michal Held, *Merahefet at Pnei HaMayin / Over the Face of the Waters: Poems, Jerusalem* 2009 [in Hebrew and Judeo-Spanish.]

ined Rhodes, Crete, Istanbul, Salonika and Jerusalem, calls us to return to the Mediterranean. The Bosnian-Croatian writer Predrag Matvejević explains that "we do not discover and behold the sea with our eyes only; we perceive it the way other people have seen it through the images and the stories that they told us."[6] Among the many representatives of Mediterranean life, he singles out the Sephardim and the wish to turn their Judeo-Spanish yet again into a formal Mediterranean language.

The White Islands may be read as a mesmerizing example of the way in which stories and images of this ancient sea are being passed on, creatively reconstructed, echoing the sounds of Judeo-Spanish beneath the waves.

The poetry of plentitude makes room for a multitude of readings and voyages. Hopefully, my words shall be read as an invitation to many to embark on a journey inspired by *The White Islands*, according to the call of their own souls.

Michal Held-Delaroza

Hebrew University, Jerusalem

---

6. Predrag Matvejević, *Mediterranean: A Cultural Landscape,* translated by Michael Henry Heim, (1987), California 1999.

SWAN ISLE PRESS is an independent, not-for-profit, literary publisher dedicated to publishing works of poetry, fiction and nonfiction that inspire and educate while advancing the knowledge and appreciation of literature, art, and culture. The Press's bilingual editions and single-language English translations make contemporary and classic texts more accessible to a variety of readers.

For more information on books of related interest
or for a catalog of new publications contact:

www.swanislepress.com

THE WHITE ISLANDS

—

LAS ISLAS BLANCAS

Designed by Andrea Guinn
Typeset in Caslon
Printed on 55 # Glatfelter Natural

S W A N
I S L E
P R E S S